EMG3-0118
合唱楽譜<J-POP>

J-POP
CHORUS PIECE

合唱で歌いたい！ J-POPコーラスピース

混声3部合唱

Best Friend

作詞・作曲：玉城千春　合唱編曲：平田瑞貴

JN219790

●●● 演奏のポイント ●●●

♪優しい曲想なので、暗くならないように明るい響きで歌いましょう。
♪サビの掛け合いの部分は走りがちです。言葉を大切に歌うよう心掛けるとよいでしょう。
♪リズムに気をつけ、縦を揃えて歌うと全体的に引き締まるでしょう。

【この楽譜は、旧商品『Best Friend（混声3部合唱）』（品番：EME-C0018）とアレンジ内容に変更はありません。】

ELEVATO
MUSIC ENTERTAINMENT

Best Friend

作詞・作曲:玉城千春　合唱編曲:平田瑞貴

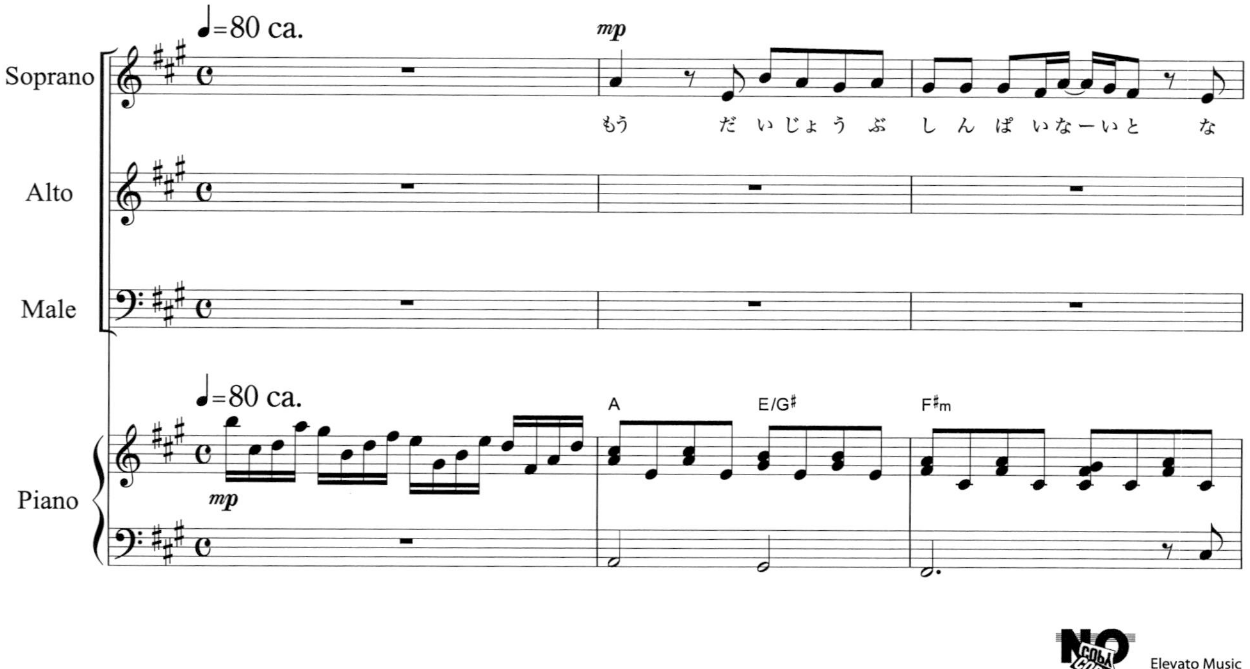

4
き そ う な ー　わ た し の そ ー ば で ー
Uh
mp
い つ も か わ ら ー な い え が お で ー さ
Bm7
D/E
E
A
E/G♯
F♯m
8
A
く ー れ た ー
Uh
uh
さ や い て ー
く ー れ た ー
ま だ ま ー だ ま だ や れ る よ ー
だっ
mp
Uh
Uh
Bm7
DM9/E
E
F♯m
F♯m7/E
DM7
C♯m7
12
い つ で ー も か が や い ー て る ー
て い つ で ー も か が や い ー て る ー
か が や い ー て る ー
Bm7
D♯m7(♭5)
Bm7/E
cresc.
E
F♯m7
E/G♯

16
B
f
と き にはー い そ ぎ す ぎてー み う しなーう ことも あるよ し か た な ーい
と き にはー い そ ぎ す ぎてー み う しなーう ことも あるよ し か た な ーい
と き にはー い そ ぎ す ぎてー み う しなーう ことも ある よ し か た な い
A DM7 E C#7/E# F#m F#m7/E D#m7(♭5) DM7 E
20
ずっ と みまー も って い る からっ て え がおーで いつも のように だ き し め ーた
ずっ と みまー も って い る からっ て え がおーで い つ も のよう に だ き し め ーた
ずっ と みまー も って い る からっ て え がおーで い つ も のよう に だ き し め ーた
A DM7 E C#7/E# F#m F#m7/E DM7 E
24
mf
あなたのえがおにー なんど たすけられた だろう ありが とう ありがとう
あなたのえがおにー なんど たすけられた だろう ありが とう ありがとう
あなたのえがおにー なんど たすけられた だろう ありがとう ありがとう
DM7 E C#7/E# F#m DM7 F#m7/E

27
Best_ Friend
Best_ Friend
Best_ Friend
DM7/F♯ E A/C♯ Bm/D C♯m/E C♯/E♯ F♯m D♯m7(♭5)
p
31
C
mp
こ ん な に た く さ ん の し あー わ せー かん
D/E E A E/G♯ F♯m
mp
35
mp
こ こ に い る す べ て の な か まー か ら さ
じ る とー き はー しゅ ん かー ん で ー
Bm7 D/E E A E/G♯ F♯m

39
D
mp
いこうのー プレゼントー まだまーだまだやれるよー だっ
プレゼントー まだまーだまだやれるよー だっ
Uh
Uh
Bm7
DM7/E
E
F♯m
F♯m7/E
DM7
C♯m7
43
ていつでーも みんなそばにいるー
ていつでーも みんなそばにいるー
— みんなそばにいるー
Bm7
D♯m7(♭5)
Bm7/E
E
F♯m7
E/G♯
cresc.
47
E
f
きっ といまー ここーでやりとげーられるこーと どんな ことも ちからにかわーる
きっ といまー ここーでやりとげーられるこーと どんな ことも ちからにかわーる
きっ といまー ここーでやりとげーられるこーと どんな こと もちからにかわーる
A
DM7
E
C♯7/E♯
F♯m
F♯m7/E
D♯m7(♭5)
DM7
E

51
ずっ と みまー もーって い る からっ て え がおーで いつも のように だ き し め ーた
ずっ と みまー もーって い る からっ て え がおーで い つ も のよう に だ き し め ーた
ずっ と みまー もーって い る からっ て え がおーで い つ も のよう に だ き し め ーた
A DM7 E C♯7/E♯ F♯m F♯m7/E DM7 E
55
mp mf
Hum. ありがとう ありがとう
mp mf
Hum. ありがとう ありがとう
mf
みんなのえがおにー なんど たすけられただろう ありが とう ありがとう
DM7 E C♯7/E♯ F♯m DM7 F♯m7/E
mf
58
Best Friend
Best Friend
Best Friend
DM7/F♯ E A C♯m/E D/E E

F
61
f
と きにはー い そ ぎ す ぎてー み う しなーう ことも あるよ し か た な ーい
と きにはー い そ ぎ す ぎてー み う しなーう ことも あるよ し か た な ーい
と きにはー い そ ぎ す ぎてー み う しなーう ことも ある よ し か た な い
A DM7 E C♯7/E♯ F♯m F♯m7/E D♯m7(♭5) DM7 E
65
ずっ と みまー も って い る からっ て え がおーで いつも のように だ き し め ーた
ずっ と みまー も って い る からっ て え がおーで いつも のよう に だ き し め ーた
ずっ と みまー も って い る からっ て え がおーで いつも のよう に だ き し め ーた
A DM7 E C♯7/E♯ F♯m F♯m7/E DM7 E
69
G
mf
mp
ー あなたのえがおにー なんど たすけられただろう ありが
ー Uh ありが
ー Uh
DM7 E C♯7/E♯ F♯m

72
とう ありがとう Best_ Friend ずっとー ずっ と
とう ありがとう Best_ Friend ずっとー ずっ と
mf
ありがとう ありがとう Best_ Friend ずっとー ずっ と
DM7 F♯m7/E DM7/F♯ E A D/A A DM7
76
ずっ と Best_ Friend_ Hum.
ずっ と Best_ Friend_ Hum.
ずっ と Best_ Friend_ Hum.
E7 Am D/A A A/C♯ Bm/D C♯m/E C♯/E♯
p
81
rit.
F♯m D♯m7(♭5) D/E E Asus4 A
rit.

MEMO

ELEVATO
MUSIC ENTERTAINMENT

Best Friend

作詞:玉城千春

もう大丈夫心配ないと　泣きそうな私の側で
いつも変わらない笑顔で　ささやいてくれた
まだ　まだ　まだ　やれるよ　だっていつでも輝いてる
時には急ぎすぎて　見失う事もあるよ　仕方ない
ずっと見守っているからって笑顔で
いつものように抱きしめた
あなたの笑顔に　何度助けられただろう
ありがとう　ありがとう　Best Friend

こんなにたくさんの幸せ　感じる時間《とき》は　瞬間で
ここにいるすべての仲間から　最高のプレゼント
まだ　まだ　まだ　やれるよ　だっていつでも　みんな側にいる
きっと今ここで　やりとげられること　どんなことも力に変わる
ずっと見守っているからって笑顔で
いつものように抱きしめた
みんなの笑顔に　何度助けられただろう
ありがとう　ありがとう　Best Friend

時には急ぎすぎて　見失う事もあるよ　仕方ない
ずっと見守っているからって笑顔で
いつものように抱きしめた
あなたの笑顔に　何度助けられただろう
ありがとう　ありがとう　Best Friend

ずっと　ずっと　ずっと　Best Friend

ELEVATO
MUSIC ENTERTAINMENT
エレヴァートミュージックエンターテイメントはウィンズスコアが
展開する「合唱楽譜・器楽系楽譜」を中心とした専門レーベルです。

ご注文について

エレヴァートミュージックエンターテイメントの商品は全国の楽器店、ならびに書店にてお求めになれますが、店頭でのご購入が困難な場合、下記PC&モバイルサイト・FAX・電話からのご注文で、直接ご購入が可能です。

◎PCサイト&モバイルサイトでのご注文方法

http://elevato-music.com

上記のアドレスへアクセスし、WEBショップにてご注文ください。

◎FAXでのご注文方法

FAX.03-6809-0594

24時間、ご注文を承ります。上記PCサイトよりFAXご注文用紙をダウンロードし、
印刷、ご記入の上ご送信ください。

◎お電話でのご注文方法

TEL.0120-713-771

営業時間内に電話いただければ、電話にてご注文を承ります。